Pe. JÚLIO BRUSTOLONI, C.Ss.R.

Novena e Quaresma
de São Miguel

DIREÇÃO EDITORIAL:
Pe. Fábio Evaristo R. Silva, C.Ss.R.

REVISÃO:
Luana Galvão

COORDENAÇÃO EDITORIAL:
Ana Lúcia de Castro Leite

DIAGRAMAÇÃO E CAPA:
Bruno Olivoto

COPIDESQUE:
Cristina Nunes

Textos bíblicos extraídos da *Bíblia de Aparecida*, Editora Santuário, 2006.

ISBN 85-7200-571-4

19ª impressão

Todos os direitos reservados à **EDITORA SANTUÁRIO** — 2025

Rua Pe. Claro Monteiro, 342 – 12570-045 – Aparecida-SP
Tel.: 12 3104-2000 – Televendas: 0800 - 0 16 00 04
www.editorasantuario.com.br
vendas@editorasantuario.com.br

São Miguel Arcanjo

Existem dois extremos a respeito da existência e poder dos demônios: alguns dizendo que eles não existem e outros exagerando seu poder e influência sobre as pessoas. Deste lado estão algumas seitas que apavoram o povo, afirmando ser o demônio a causa de todos os males e problemas pessoais, familiares e profissionais. Chegam a dizer que a pessoa que sofre está possuída pelo demônio.

A Igreja ensina que os demônios existem e que podem causar males e tentações no mundo, mas seu poder foi restringido pela Morte e Ressurreição de Jesus Cristo. Quem foi batizado e vive a fé pertence a Cristo: não está mais sob o poder de Satanás. Para nos defender, porém, de possíveis ataques do mal, ela nos recomenda pedir a proteção dos anjos e dos santos, além de outros meios espirituais.

São Miguel aparece na Bíblia como o anjo protetor dos judeus. Seu nome significa "Quem é igual a Deus". Ele é um dos sete espíritos que assistem diante do trono de Deus. São João Apóstolo assim descreve a rebelião dos anjos maus: "Houve uma batalha nos céus. Miguel e seus anjos tiveram de combater o dragão. O dragão e seus anjos travaram combate, mas não prevaleceram. E já não há lugar no céu para eles. Foi então precipitado o grande dragão, a primitiva serpente, chamado Demônio ou Satanás, o sedutor do mundo inteiro. Foi precipitado na terra e com eles os seus anjos" (Ap 12,7-9).

Como povo de Deus, nós cristãos temos em São Miguel um protetor e defensor especial. São Judas, apóstolo, na sua carta, afirma que São Miguel é o protetor dos justos, dos que foram batizados e creem em Cristo. Como cristão você pertence a Cristo, mas peça sempre aos anjos, especialmente a São Miguel, que o defendam de todo o mal. Passando por graves problemas ou tentações, faça com fé e devoção esta novena a São Miguel.

Oração inicial

– Vinde, ó Deus, em meu auxílio e socorrei-me sem demora.
– Em Nome do Pai † do Filho e do Espírito Santo. Amém.
– Deus de bondade e de misericórdia, que criastes os anjos para vos servirem nos céus e nos proteger na terra, e destinastes o Arcanjo São Miguel especialmente para proteger a Igreja e o povo cristão, eu vos peço nesta novena estar atento à inspiração do protetor São Miguel, para vos servir e amar de todo coração.

Oração: São Miguel, vós que fostes constituído por Deus como protetor do povo cristão, eu vos peço: protegei a mim e a todos aqueles que estão a minha volta. Ajudai-me para que eu nunca desvie meus passos do seguimento do Evangelho de Jesus Cristo. Defendei-me ainda das ciladas do demônio, afastando de mim toda tentação de pecado, perturbação da alma e os males do corpo. Socorrei-me com vosso poder, a fim de que eu possa servir a Jesus Cristo fielmente e viver em paz. Amém.

Ladainha de São Miguel e oração final

Senhor, tende piedade de nós.
Jesus Cristo, tende piedade de nós.
Senhor, tende piedade de nós.
Pai celeste, que sois Deus, tende piedade de nós.
Espírito Santo, que sois Deus, tende piedade de nós.
Santíssima Trindade, que sois um único Deus, tende piedade de nós.
Santa Maria, Rainha dos anjos, rogai por nós.
São Miguel, rogai por nós.
São Miguel, cheio da graça de Deus, rogai por nós.
São Miguel, perfeito adorador do Verbo Divino, rogai por nós.
São Miguel, coroado de honra e de glória, rogai por nós.
São Miguel, poderosíssimo príncipe dos exércitos do Senhor, rogai por nós.

São Miguel, porta estandarte da Santíssima Trindade, rogai por nós.

São Miguel, guardião do paraíso, rogai por nós.

São Miguel, guia e consolador do povo Israelita, rogai por nós.

São Miguel, esplendor e fortaleza da Igreja Militante, rogai por nós.

São Miguel, honra e alegria triunfante, rogai por nós.

São Miguel, luz dos anjos, rogai por nós.

São Miguel, baluarte dos ortodoxos, rogai por nós.

São Miguel, força daqueles que combatem pelo estandarte da Cruz, rogai por nós.

São Miguel, luz e confiança das almas no último momento da vida, rogai por nós.

São Miguel, socorro muito certo, rogai por nós.

São Miguel, nosso auxílio em todas as nossas adversidades, rogai por nós.

São Miguel, arauto da sentença eterna, rogai por nós.

São Miguel, consolador das almas que estão no purgatório, vós a quem o Senhor incumbiu de receber as almas depois da morte, rogai por nós.

São Miguel, nosso príncipe, rogai por nós.

São Miguel, nosso advogado, rogai por nós.

Cordeiro de Deus, que tirais o pecado do mundo, perdoai-nos, Senhor.

Cordeiro de Deus, que tirais o pecado do mundo, atendei-nos, Senhor.

Cordeiro de Deus, que tirais o pecado do mundo, tende piedade de nós.

Cristo, ouvi-nos.

Cristo, atendei-nos

– Rogai por nós, ó glorioso São Miguel, príncipe da Igreja de Jesus Cristo.

– Para que sejamos dignos de suas promessas. Amém.

– Ó Deus, que nos destes os anjos como protetores e a São Miguel como nosso especial defensor, concedei-me que eu possa vos louvar e servir com verdadeira fé e piedade.

Pai nosso, que estais nos céus...
Ave, Maria, cheia de graça...
Glória ao Pai, ao Filho...

Oração: São Miguel Arcanjo, protegei-nos no combate; cobri-nos com o vosso escudo contra os embustes e ciladas do demônio. Ordene-lhe Deus, instantemente o pedimos: e vós, príncipe da milícia celeste, pelo divino poder precipitai no inferno Satanás e os outros espíritos malignos, que andam pelo mundo para perder as almas. Amém (Papa Leão XIII).

– Que possa vir sobre mim a bênção do Deus, que é rico em misericórdia. Em nome do Pai, do Filho e do Espírito Santo. Amém.

1º Dia
SÃO MIGUEL, NOSSO PROTETOR E DEFENSOR

1. Oração inicial *(p. 5)*

2. Palavra de Deus *(Dn 12,1-3)*

Naquele tempo surgirá Miguel, o grande príncipe que vela sobre os filhos de teu povo. Haverá um tempo de angústia como jamais tinha havido desde que surgiram as nações até então; mas naquele tempo será salvo teu povo, todo aquele que se achar escrito no livro. E muitos daqueles que dormem no pó da terra despertarão: uns para a vida eterna e outros para a vergonha e a infâmia eterna. Os sábios resplandecerão como o esplendor do firmamento; aqueles que tiverem ensinado a muitos a justiça brilharão como as estrelas para sempre.

– Palavra do Senhor!

3. Refletindo

Para auxiliar a humanidade em suas fraquezas, protegendo-a dos muitos perigos, que tantas vezes a ameaçam, Deus enviou os anjos como seus mensageiros no mundo. No Antigo Testamento, o Arcanjo São Miguel foi constituído protetor do povo de Israel. Hoje ele é invocado como o defensor e protetor do povo cristão, de toda a Igreja. Nos tempos de grande dor e sofrimento ou de forte perseguição, os cristãos, tradicionalmente, recorrem ao líder da milícia celeste para vir em sua proteção e auxílio.

4. Súplica

Ó Deus, que constituístes São Miguel Arcanjo como nosso protetor e defensor, ajudai-me a me defender contra as forças do mal e as tentações do demônio. Que amparado pela vossa infalível proteção, possa eu seguir sempre nos vossos caminhos e ser testemunha da realização de vosso Reino no mundo. Amém.

5. Ladainha de São Miguel e oração final *(p. 6)*

2º Dia
SÃO MIGUEL, NOSSO INTERCESSOR JUNTO DE DEUS

1. Oração inicial *(p. 5)*

2. Palavra de Deus *(Ap 8,1-4)*

Quando abriu o sétimo selo, houve no céu um silêncio de mais ou menos meia hora. E eu vi os sete anjos que estão diante de Deus; foram-lhes dadas sete trombetas. Outro anjo veio colocar-se perto do altar, com um turíbulo de ouro. Deram-lhe muitos perfumes para que os oferecesse, com as orações de todos os santos, sobre o altar de ouro situado diante do trono. E da mão do anjo a fumaça dos perfumes se elevou diante de Deus com as orações dos santos.
– Palavra do Senhor!

3. Refletindo

O livro do Apocalipse revela-nos um anjo apresentando as orações dos justos dirigidas a

Deus. Descobrimos que as orações e súplicas apresentadas ao Pai, com fé e sinceridade de coração, chegam até Ele por intermédio de seus anjos, que também são nossos intercessores. Um filho de Deus jamais fica sem ser ouvido em suas orações. Jesus mesmo disse a seus discípulos: "Pedi e vos será dado; buscai e achareis; batei e vos será aberto" (Lc 11,9). São Miguel é um mensageiro de Deus, que leva ao criador as nossas súplicas.

4. Súplica

Concedei, Senhor, que possa me servir à intercessão de São Miguel, para que as minhas preces e súplicas subam até vós como o incenso. Com auxílio de São Miguel, afastai para longe de mim todas as coisas que me impedem de fazer vossa vontade. Que nos momentos de fraqueza eu não seja vencido pelo poder das trevas. Amém.

5. Ladainha de São Miguel e oração final *(p. 6)*

3º Dia
SÃO MIGUEL, SINAL DO AMOR DE DEUS

1. Oração inicial *(p. 5)*

2. Palavra de Deus *(Sl 103,17-22)*

A bondade do Senhor é desde sempre e para sempre para os que o temem; e sua justiça, para os filhos de seus filhos, para os que guardam sua aliança e se lembram de seus preceitos e os guardam. O Senhor estabeleceu seu trono nos céus e seu reino domina acima de tudo. Bendizei o Senhor, vós, seus anjos, valorosos em poder, que executais suas ordens, obedecendo à sua palavra! Bendizei ao Senhor, vós, todos os seus exércitos, que o servis e executais suas vontades! Bendizei ao Senhor, vós, todas as suas obras, em todos os lugares de seu domínio! Minha alma, bendize ao Senhor!
– Palavra do Senhor!

3. Refletindo

Os anjos são criaturas celestes criadas por Deus para estarem em sua presença e a seu serviço. Todas as vezes que clamamos e suplicamos a presença dos anjos, estamos também pedindo que Deus, em sua infinita bondade e misericórdia, venha ao nosso encontro e em nosso socorro. Venerar e pedir a intercessão dos anjos em nossa caminhada terrestre significa também louvar e agradecer ao altíssimo toda a obra da criação e seu imenso amor pela humanidade, feita à sua imagem e semelhança.

4. Súplica

Ó Deus, que nos destes os anjos como protetores e a São Miguel como nosso especial defensor, concedei que cada dia eu possa vos louvar e servir com fé, piedade e grande zelo. Quero todos os dias proclamar as vossas maravilhas a todos que estão a minha volta: concedei-me as graças necessárias para bem realizar esse propósito. Amém.

5. Ladainha de São Miguel e oração final *(p. 6)*

4º Dia
SÃO MIGUEL, PROTETOR CONTRA O MAL

1. Oração inicial *(p. 5)*

2. Palavra de Deus *(1Pd 5,8-10)*

Sede sóbrios, ficai vigilantes. Vosso adversário, o diabo, fica rodeando como um leão a rugir, procurando a quem devorar. Resisti-lhe, fortes na fé, sabendo que a comunidade dos irmãos, espalhada pelo mundo, está enfrentando esse mesmo tipo de sofrimento. Depois de terdes sofrido um pouco, o Deus de toda graça, que vos chamou a sua glória eterna, em Cristo, Ele próprio vos tornará perfeitos, firmes, fortes e inabaláveis.
– Palavra do Senhor!

3. Refletindo

Diante de todo mal que vemos presente no mundo, manifestado de inúmeras maneiras, todo o cristão é chamado a permanecer sempre vigilante e atento para não cair nas ciladas do inimigo. Somos exortados a permanecer firmes em nossa fé, principalmente nos momentos de dor e sofrimento. Diante dessa constante ameaça, é imprescindível pedir a proteção dos anjos, para guiar nossos passos e velar por nós.

4. Súplica

Deus de bondade, que desejais a salvação e o bem-estar de todos os vossos filhos, suplico que envieis São Miguel para me proteger dos males, das tentações e das ciladas do inimigo. Que eu possa viver sempre sob a vossa poderosa proteção. Amém.

5. Ladainha de São Miguel e oração final *(p. 6)*

5º Dia
SÃO MIGUEL, PROTETOR DAS FAMÍLIAS

1. Oração inicial *(p. 5)*

2. Palavra de Deus *(At 10,3-5)*

Havia em Cesareia um homem chamado Cornélio, centurião da corte Itálica, homem piedoso e temente a Deus com toda a sua família; fazia generosas esmolas ao povo e rezava a Deus sem cessar. Cornélio teve uma visão, pelas três horas da tarde, na qual viu claramente um anjo de Deus vindo a seu encontro e chamando-o: "Cornélio!" Olhou para o anjo e, dominado pelo temor, perguntou: "O que é, Senhor?" Respondeu-lhe o anjo: "Tuas preces e tuas esmolas subiram diante de Deus em tua memória. Agora, pois, envia homens a Jope e manda vir aqui Simão, chamado Pedro".

– Palavra do Senhor!

3. Refletindo

Um anjo foi enviado por Deus para anunciar à família de Cornélio a boa nova do Evangelho. A família é a primeira comunidade de fé, em que pais e filhos testemunham-na, praticando o amor e a caridade. Diante de tantas ameaças que hoje cercam nossas famílias, precisamos continuamente recorrer a Deus que envie São Miguel, para protegê-las de tudo aquilo que as possa desunir e afastar de seu amor.

4. Súplica

Senhor Deus, que enviastes vosso anjo para mostrar ao centurião Cornélio o caminho da vida, concedei-nos trabalhar com alegria pela salvação da humanidade, a fim de que, unidos na vossa Igreja, possamos chegar até vós. Protegei minha família dos tantos perigos que podem ameaçar a sua paz. Amém.

5. Ladainha de São Miguel e oração final *(p. 6)*

6º Dia
SÃO MIGUEL, PROTETOR DO LAR

1. Oração inicial *(p. 5)*

2. Palavra de Deus *(Sl 91,1-4)*

Quem habita sob a proteção do Altíssimo e repousa à sombra do Onipotente, diga ao Senhor: "Meu refúgio, minha fortaleza, meu Deus, em quem confio". Ele te livrará do laço do caçador, da peste destruidora; ele te cobrirá com suas penas, sob suas asas encontrarás refúgio.

3. Refletindo

O lar é nosso refúgio, onde passamos grande parte do nosso tempo. É um lugar sagrado, porque nele a família se reúne para partilhar o dom da vida. Muito mais do que uma propriedade material, o lar é símbolo de proteção, em que todos se sentem seguros e acolhidos. Por isso, é fundamental colocarmos nossa casa sempre sobre o amparo de Deus, pedindo que nenhum mal ou enfermidade possa nela adentrar. O auxílio dos anjos de Deus torna nossos lares um verdadeiro refúgio e nossa fortaleza.

4. Súplica

Ó Deus, meu supremo refúgio e fortaleza, defendei minha casa contra as maldades e ciladas do mal. Afastai do meu lar toda discórdia, para que eu e minha família possamos viver em paz. Que São Miguel, o príncipe da milícia celeste, afaste para longe da minha casa Satanás e os outros espíritos malignos. Amém.

5. Ladainha de São Miguel e oração final *(p. 6)*

7º Dia
SÃO MIGUEL, PROTETOR DA JUVENTUDE

1. Oração inicial *(p. 5)*

2. Palavra de Deus *(Êx 23,20-22)*

Disse o Senhor: "Vou enviar um anjo a tua frente, para te proteger na viagem e te conduzir ao lugar que te preparei. Respeita sua presença e segue sua voz; não lhe sejas rebelde, porque não perdoará vossas más obras, pois nele está meu nome. Pelo contrário, se ouvires atentamente sua voz e fizeres tudo o que eu te disser, serei inimigo de teus inimigos e adversário de teus adversários".
– Palavra do Senhor!

3. Refletindo

A juventude é a época dos grandes sonhos e das grandes ideias. É a aurora da vida. Mas, ao mesmo tempo, pela inexperiência ou pela vontade de viver tudo com grande intensidade, sem medir, muitas vezes, as consequências de suas ações, a juventude é a época de muitos perigos e ameaças à vida de tantos jovens. Por isso, para os jovens fica a palavra que outrora disse Deus ao povo de Israel: "que o anjo te guarde pelo caminho da vida". Que São Miguel defenda e proteja os nossos jovens de todo o mal.

4. Súplica

Ó Deus, que na vossa misteriosa providência mandais os vossos anjos para guardar os vossos filhos, concedei que eles defendam nossos jovens de todos os perigos e tentações do mal. Que possais guiá-los em seus caminhos para que estejam sempre na presença de vossa poderosa proteção. Amém.

5. Ladainha de São Miguel e oração final *(p. 6)*

8º Dia
SÃO MIGUEL, PROTETOR DOS CRISTÃOS

1. Oração inicial *(p. 5)*

2. Palavra de Deus *(Sl 91,11-16)*

Pois o Senhor dará ordem a seus anjos para te guardarem em todos os teus passos. Em suas mãos te levarão para que teu pé não tropece nalguma pedra. Caminharás sobre o leão e a víbora, pisarás sobre o leãozinho e o dragão. "Eu o salvarei, porque ele me ama; eu o exaltarei, porque conhece meu nome. Ele me invocará e lhe darei resposta; perto dele estarei em sua angústia, vou salvá-lo e torná-lo glorioso. Com longos dias o saciarei e lhe mostrarei minha salvação".

– Palavra do Senhor!

3. Refletindo

Deus, em sua infinita sabedoria e bondade, constituiu os anjos como seus mensageiros para estarem junto dos seus filhos e das suas filhas. Desde o princípio da história da salvação, os anjos estiveram junto daqueles que Deus escolheu para serem sinais de sua presença no mundo. Hoje, somos nós que fomos constituídos sinais da presença de Deus no mundo. Por isso devemos pedir a proteção dos anjos, para que estejam junto de nós, no compromisso do seguimento de Jesus Cristo e na missão da construção do Reino de Deus no mundo onde vivemos.

4. Súplica

Ó Deus bondoso, que quisestes nos fazer vossos colaboradores na construção de um mundo mais perfeito, concedei-me o auxílio de São Miguel Arcanjo e de todos os anjos para que eu alcance cumprir a vossa vontade em minha vida. Concedei que também esteja atento e pronto para ouvir a vossa Palavra, para que eu possa, depois, levá-la a meus irmãos. Afastai de mim o mal do comodismo, para que eu possa me entregar com zelo e fé à tarefa da evangelização. Amém.

5. Ladainha de São Miguel e oração final *(p. 6)*

9º Dia
SÃO MIGUEL E NOSSA SENHORA

1. Oração inicial *(p. 5)*

2. Palavra de Deus *(Ap 12,1-9)*

Um grande sinal apareceu no céu: uma Mulher vestida com o sol, tendo a lua sob os pés e uma coroa de doze estrelas na cabeça. Estava grávida e gritava de dor, angustiada para dar à luz. Apareceu ainda um outro sinal no céu: um enorme Dragão, cor de fogo, com sete cabeças e dez chifres, e sobre as cabeças sete diademas; sua cauda arrastou um terço das estrelas do céu, atirando-as sobre a terra. O Dragão parou diante da Mulher que estava para dar à luz, para engolir seu filho, logo que nascesse. Ela deu à luz um filho, um menino, aquele que vai governar todas as nações com cetro de ferro. Mas seu filho foi arrebatado para junto de Deus e de seu trono.

Houve então uma batalha no céu: Miguel e seus anjos guerrearam contra o Dragão. E o Dragão lutou, junto com seus anjos, mas foram derrotados e expulsos do céu. E o enorme Dragão, a antiga serpente, o diabo ou Satanás, como é chamado, o sedutor do mundo inteiro, foi lançado sobre a terra, e seus anjos foram lançados junto com ele.
– Palavra do Senhor!

3. Refletindo

No paraíso Eva foi enganada pela serpente, e por ela o pecado entrou no mundo. Em Maria, a porta da salvação foi novamente aberta para a humanidade. Maria é a mulher que esmaga a cabeça da serpente, pois por meio dela veio a salvação ao mundo, que é Jesus. O grande dragão foi vencido por Miguel e seus anjos guerreiros, mas a serpente, o mal, continua à espreita esperando a oportunidade para atacar os filhos da luz. Portanto, devemos pedir sempre a proteção materna de Maria e a força de São Miguel, líder da milícia celeste, para nos defenderem e afastarem de nós todo o mal.

4. Súplica

Ó Deus de misericórdia, que concedestes Maria como Mãe de toda a humanidade e São Miguel como nosso guardião, eu vos peço a força necessária para continuar vivendo a minha fé e testemunhando que vosso Filho é o único salvador e redentor do mundo. Que Maria seja minha Mãe e cuide de mim em meus momentos de dor e sofrimento e que são Miguel seja meu protetor e defensor. Amém.

5. Ladainha de São Miguel e oração final *(p. 6)*

Quaresma de São Miguel Arcanjo

Como rezar a Quaresma de São Miguel?
- Acender uma vela diante de uma imagem ou quadro de São Miguel.
- Rezar todos os dias: oração inicial, Ladainha de São Miguel e Consagração a São Miguel.
- Fazer propósito de uma penitência para os 40 dias.

O que pedir na Quaresma de São Miguel?

O Senhor disse: "Peçam e lhes será dado" (Mt 7,7). Mas disse o apóstolo Paulo: "Nem sabemos o que convém pedir" (Rm 8,26). Sendo assim, podemos pedir o que desejarmos, por intercessão de São Miguel, nesses dias de oração; entretanto, como só Deus sabe tudo, o pedido mais importante é a fé para entendermos a vontade de Deus. O próprio Jesus nos ensinou quando estava angustiado no Jardim das Oliveiras. Ele pediu ao Pai que afastasse aquele cálice, mas depois disse: "Pai, que aconteça conforme sua vontade". Assim, podemos pedir tudo, mas que nosso maior desejo seja fazer a vontade de Deus.

Quando começa e quando termina a Quaresma de São Miguel?

A Quaresma de São Miguel inicia-se no dia 15 de agosto, solenidade da Assunção da Bem-aventurada Virgem Maria, e vai até o dia 29 de setembro, quando celebramos São Miguel, juntamente com os outros Arcanjos Gabriel e Rafael. De 15 de agosto a 29 de setembro, são quarenta e seis dias. Isso porque nos dias de domingo as orações da Quaresma de São Miguel não precisam ser rezadas, já que a prioridade deve ser dada ao domingo, dia do Senhor.

1. Sinal da Cruz

† Pelo sinal da santa Cruz, † livrai-nos, Deus, nosso Senhor, † dos nossos inimigos.

† Em nome do Pai, e do filho, e do Espírito Santo. Amém.

2. Oração inicial

São Miguel Arcanjo, defendei-nos no combate, sede o nosso refúgio contra as maldades e as ciladas do demônio. Ordene-lhe Deus, instantemente o pedimos, e vós, príncipe da milícia celeste, pela virtude divina, precipitai no inferno a satanás e aos outros espíritos malignos, que andam pelo mundo para perder as almas. Amém.

Sacratíssimo Coração de Jesus, tende piedade de nós! (3x)

3. Ler e meditar o Evangelho do dia ou um salmo

4. Ladainha de São Miguel

Senhor, tende piedade de nós.
Jesus Cristo, tende piedade de nós.
Senhor, tende piedade de nós.
Jesus Cristo, ouvi-nos.
Jesus Cristo, atendei-nos.
Pai Celeste, que sois Deus,
tende piedade de nós.
Filho, Redentor do Mundo,
que sois Deus, tende piedade de nós.
Espírito Santo, que sois Deus,
tende piedade de nós.
Trindade Santa, que sois um único Deus,
tende piedade de nós.
Santa Maria, Rainha dos Anjos, rogai por nós.

São Miguel, rogai por nós.
São Miguel, cheio da graça de Deus, rogai por nós.
São Miguel, perfeito adorador do Verbo Divino, rogai por nós.
São Miguel, coroado de honra e de glória, rogai por nós.
São Miguel, poderosíssimo Príncipe dos exércitos do Senhor, rogai por nós.
São Miguel, porta-estandarte da Santíssima Trindade, rogai por nós.
São Miguel, guardião do Paraíso, rogai por nós.
São Miguel, guia e consolador do povo israelita, rogai por nós.
São Miguel, esplendor e fortaleza da Igreja militante, rogai por nós.
São Miguel, honra e alegria da Igreja triunfante, rogai por nós.
São Miguel, luz dos Anjos, rogai por nós.
São Miguel, baluarte dos Cristãos, rogai por nós.
São Miguel, força daqueles que combatem pelo estandarte da Cruz, rogai por nós.

São Miguel, luz e confiança das almas
no último momento da vida, rogai por nós.
São Miguel, socorro muito certo,
rogai por nós.
São Miguel, nosso auxílio em todas
as adversidades, rogai por nós.
São Miguel, arauto da sentença eterna,
rogai por nós.
São Miguel, consolador das almas que
estão no Purgatório, rogai por nós.
São Miguel, a quem o Senhor incumbiu
de receber as almas que estão no Purgatório,
rogai por nós.
São Miguel, nosso Príncipe, rogai por nós.
São Miguel, nosso Advogado, rogai por nós.
Cordeiro de Deus, que tirais o pecado
do mundo, perdoai-nos, Senhor.
Cordeiro de Deus, que tirais o pecado
do mundo, atendei-nos, Senhor.
Cordeiro de Deus, que tirais o pecado
do mundo, tende piedade de nós.

Oremos: Gloriosíssimo São Miguel, chefe e príncipe dos exércitos celestes, fiel guardião das almas, vencedor dos espíritos rebeldes, amado da casa de Deus, nosso admirável guia depois de Cristo; vós, cuja excelência e virtudes são altíssimas, dignai-vos livrar-nos de todos os males, nós todos que recorremos a vós com confiança, e fazei, pela vossa incomparável proteção, que adiantemos cada dia mais na fidelidade em servir a Deus.

– Rogai por nós, ó bem-aventurado São Miguel Arcanjo, príncipe da Igreja de Cristo.
– Para que sejamos dignos de suas promessas. Amém.

1 Pai-nosso em honra de São Miguel Arcanjo.
1 Pai-nosso em honra de São Gabriel Arcanjo.
1 Pai nosso em honra de São Rafael Arcanjo.
3 Ave-Marias em honra à Santíssima Mãe de Deus.
Glória ao Pai e ao Filho e ao Espírito Santo, como era no princípio, agora e sempre. Amém.

Oração: Deus, todo-poderoso e eterno, que por um prodígio de bondade e misericórdia, para a salvação dos homens, escolhestes para príncipe de vossa Igreja o gloriosíssimo Arcanjo São Miguel, tornai-nos dignos, nós vo-lo pedimos, de sermos preservados de todos os nossos inimigos, a fim de que, na hora da nossa morte, nenhum deles nos possa inquietar, mas que nos seja dado sermos introduzidos por ele na presença da vossa poderosa e augusta Majestade, pelos merecimentos de Jesus Cristo, nosso Senhor. Amém.

5. Consagração a São Miguel Arcanjo

Ó Príncipe nobilíssimo dos Anjos, valoroso guerreiro do Altíssimo, zeloso defensor da glória do Senhor, terror dos espíritos rebeldes, amor e delícia de todos os Anjos justos, meu diletíssimo Arcanjo São Miguel: desejando eu fazer parte do número dos vossos devotos e servos, a vós hoje me consagro, me dou, me ofereço e ponho-me a mim próprio, a minha família e tudo o que me pertence, debaixo da vossa poderosíssima proteção.

É pequena a oferta do meu serviço, sendo como sou um miserável pecador, mas vós engrandecereis o afeto do meu coração. Recordai-vos que de hoje em diante estou debaixo do vosso sustento e deveis assistir-me em toda a minha vida e obter-me o perdão dos meus muitos e graves pecados, e a graça de amar a Deus, meu Salvador, de todo o coração, e a minha Mãe Maria Santíssima.

Obtende-me aqueles auxílios que me são necessários para obter a coroa da eterna glória.

Defendei-me dos inimigos da alma, especialmente na hora da morte. Vinde, ó príncipe gloriosíssimo, assistir-me na última luta e com a vossa arma poderosa lançai para longe, precipitando nos abismos do inferno, aquele anjo quebrador de promessas e soberbo que um dia prostrastes no combate no Céu.

São Miguel Arcanjo, defendei-nos no combate para que não pereçamos no supremo juízo. Amém.

6. Bênção final

– A nossa proteção está no nome do Senhor.

– Que fez o céu e a terra.

– Por intercessão de São Miguel Arcanjo, abençoe-nos o Deus todo-poderoso, Pai e Filho e Espírito Santo.

– Amém.

Consagração da família a São Miguel Arcanjo

Ó Grande São Miguel Arcanjo, príncipe e chefe das legiões angélicas, penetrado do sentimento de vossa grandeza, de vossa bondade e vosso poder, em presença da adorável Santíssima Trindade, da Virgem Maria e toda a corte celeste, venho hoje consagrar minha família a vós. Quero, com minha família, vos honrar e invocar fielmente. Recebei-nos sob vossa especial proteção e dignai-vos desde então velar sobre os nossos interesses espirituais e temporais. Conservai entre nós a perfeita união do espírito dos corações e do amor familiar. Defendei-nos contra o ataque inimigo, preservai-nos de todo mal e, particularmente, da desgraça de ofender a Deus. Que por nossos cuidados, devotados e vigilantes, cheguemos todos à felicidade eterna. Dignai-vos, grande São Miguel Arcanjo, reunir todos os membros de nossa família. Amém.

Oração de libertação a São Miguel Arcanjo

Glorioso São Miguel Arcanjo,
poderoso vencedor das batalhas espirituais,
vinde em auxílio das minhas necessidades
espirituais e temporais.
Afugentai de minha presença todo mal,
todo ataque e todas as ciladas do inimigo.
Com vossa poderosa espada de luz,
derrotai todas as forças malignas
e iluminai meus caminhos
com a luz de vossa proteção.
Arcanjo Miguel,
do mal: libertai-me;
do inimigo: livrai-me;
das tempestades: socorrei-me;
dos perigos: protegei-me;
das perseguições: salvai-me!
Glorioso São Miguel Arcanjo,
pelo poder celeste a vós conferido,
sede para mim o guerreiro valente
e conduzi-me nos caminhos da paz.
Amém!

Pe. Flávio Sobreiro

Índice

São Miguel Arcanjo..3

Oração inicial 5

Ladainha de São Miguel e oração final...............6

1º dia: São Miguel, nosso protetor

        e defensor.. 10

2º dia: São Miguel, nosso intercessor

        junto de Deus 12

3º dia: São Miguel, sinal do amor de Deus 14

4º dia: São Miguel, protetor contra o mal 16

5º dia: São Miguel, protetor das famílias.......... 18

6º dia: São Miguel, protetor do lar 20

7º dia: São Miguel, protetor da juventude 22

8º dia: São Miguel, protetor dos cristãos 24

9º dia: São Miguel e Nossa Senhora 26

Quaresma de São Miguel Arcanjo 29

Consagração da família a

São Miguel Arcanjo... 37

Oração de libertação a São Miguel Arcanjo...... 38